†

MONSIEUR LE COMTE
Alphonse DE BERTIER
DE SAUVIGNY

Ornat sidera virtus.

AUXERRE

OCTAVE CHAMBON, IMPRIMEUR-ÉDITEUR

8, RUE DU COLLÈGE, 8

—

1894

MONSIEUR LE COMTE

ALPHONSE DE BERTIER

DE SAUVIGNY

MONSIEUR LE COMTE
ALPHONSE DE BERTIER
DE SAUVIGNY

29 MARS 1830 – 4 JUIN 1894

Marie-Joseph-Alphonse Comte de Bertier de Sauvigny, naquit à Paris le 29 mars 1830.

Il était fils d'Anne-Ferdinand-Louis Comte de Bertier de Sauvigny, ministre d'Etat et membre du conseil privé de Charles X, et de Amélie-Angélique-Marie-Anne de Baschi Saint-Estève.

Il épousa le 26 août 1857, à Paris, Armande-Claire-Marguerite Poulletier de Suzenet, fille de Jean-Marie-Alexis-Gustave Poulletier Comte de Suzenet et Marie-Caroline-Béatrix Hurault de Vibraye.

De son mariage sont nés trois fils :

Le Comte Ludovic de Bertier, marié à Mademoiselle des Cars ;

Le Comte Jean de Bertier, officier de cuirassiers, marié à Mademoiselle de Bridieu ;

Le Vicomte Christian de Bertier.

SA MORT

5 Juin 1894.

La *Bourgogne* prend le deuil aujourd'hui ; et ses lecteurs et amis apprendront avec un serrement de cœur la mort du président de son comité, de l'homme qui fut jusqu'à la fin fidèle à son drapeau, et qui pour les honnêtes gens de ce département, personnifiait à un si haut degré les vertus de la vieille et vraie noblesse française : le caractère et la foi.

M. le Comte de Bertier de Sauvigny est mort à Paris, en son hôtel de la rue Villersexel, dans la nuit de lundi à mardi. Il était âgé de soixante-quatre ans.

Depuis plusieurs semaines, sa santé donnait sans doute de vives inquiétudes à ses fils et à ses amis ; mais nous espérions tous en la robuste constitution du malade, et davantage encore en la miséricorde de Celui qui est le souverain maître de la vie et de la mort.

Dieu ne l'a pas voulu, et Il nous a ravi l'homme de cœur et de fidélité que nous vénérions, le chef et l'ami qu'on pouvait suivre, celui-là — car il ne connaissait qu'un chemin : le chemin de l'Honneur.

Il a rendu à Dieu son âme si vaillante et si belle, dans des dispositions admirables de ferveur et de résignation chrétiennes. Il est mort comme savaient mourir ses aïeux, saintement et avec la foi touchante des chevaliers antiques. Jusqu'au bout, il a conservé la lucidité de son intelligence et la bonté de son cœur ; jusqu'au bout il a pu serrer de sa main défaillante la main des trois fils qui ont reçu de lui et le sang de ses veines et les vertus de sa race. Et puis, après le dernier adieu, son âme est partie, comme partent les âmes des justes, pour aller rejoindre là haut la douce compagne de sa vie, l'auguste Madame de Bertier, qu'il avait tant aimée, qu'il avait pleurée, et à laquelle il désirait rester uni dans la mort comme il l'avait été dans la vie....

* * *

Ah ! pourquoi faut-il que le devoir professionnel m'oblige aujourd'hui à parler devant ce lit funèbre sur lequel repose l'homme à qui j'avais voué une vénération et une affection profondes !

Pourquoi faut-il que j'appelle des pensées sous ma plume, alors que la douleur ne m'envoie que des larmes.....

Ainsi s'en va la vie de l'homme ; c'est, en effet, un bien rude labeur. L'écrivain qui travaille, lui surtout, pour le triomphe des causes saintes et justes, a sans doute des grâces d'état pour supporter la fatigue des combats qu'il livre au jour le jour. Mais il y a de rudes moments à passer sur le champ de bataille.

Les passions déchaînées de l'ennemi, les trahisons des uns, l'effacement des autres, les préjugés, le parti pris, sans compter les blessures qu'on attrappe et qu'il faut panser, oui, tout cela est dur, et pourtant tout cela se passe ; et quand on peut garder Dieu et son drapeau, fut-il percé de balles, il y a en somme au fond de l'âme une voix qui vous réconforte et qui vous fait du bien.

Mais l'heure la plus triste dans le combat, c'est quand à côté de vous tombent de ces braves qui vous prêchaient d'exemple, quand à côté de vous succombent des chefs et des compagnons d'armes qui du regard excitaient de temps en temps votre ardeur. C'est là, dans cet instant, que le courage vous manque, parce qu'il faut s'arrêter et se pencher sur les mourants et écouter avec un déchirement les derniers battements de ces cœurs amis...

Ah ! quand je me penche sur le lit funèbre où dort maintenant son dernier sommeil le vaillant comte Alphonse de Bertier de Sauvigny, quand je cherche à embrasser du regard sa belle existence, je commence par bénir Dieu qui donne encore des hommes de cette trempe à mon pays, et à une époque surtout où il fait bon les offrir à la méditation des contemporains.

Lacordaire écrivait à Mme Swetchine : « Le caractère est ce qu'il faut toujours sauver avant tout, car c'est le caractère qui fait la puissance morale de l'homme ».

La vie tout entière du Comte de Bertier a été comme l'application de cette grande pensée. Les habiles, les intrigants ont souvent taxé notre cher président d'intransigeance. — Ceux qui, au contraire, l'approchaient, le connaissaient et sentaient battre ce cœur d'or, savent qu'il fut le chrétien sans peur et sans reproche, qui, sur la question religieuse ne transigeait pas avec son devoir, mais qu'au fond, il était l'homme de son temps, cherchant à l'étudier, ne sacrifiant jamais à une popularité de mauvais aloi.

C'était le gentilhomme formé pour ainsi dire à l'école de ce noble Prince qu'il avait tant aimé, qu'il avait servi avec fidélité, et qui avait dit : « Il faut que Dieu règne en Maître pour que je puisse rentrer en Roi ».

Pour notre regretté président, l'avenir était à Dieu, et il fallait aider Dieu, faire son devoir, sans se préoccuper du succès. Ce chevalier qu'on disait venir d'un autre âge avait la simplicité chrétienne de l'Evangile dont il nourrissait son âme, comme nous nourrissons de pain notre corps. Quand j'avais le bonheur, hélas ! trop rare de m'échapper jusqu'à Sauvigny et de passer une soirée dans ce château béni d'une population qui l'aimait et le vénérait, ce qui me pénétrait le plus, c'était cette simplicité cordiale, c'était aussi cette atmosphère embaumée d'esprit chrétien dans laquelle on aimait à respirer.

Tous les soirs, avant dîner, la cloche tintait, et aussitôt, le Comte se dirigeait du côté de la chapelle, et là, il s'agenouillait près de l'autel, et attendait dans l'attitude du croyant. Alors, la famille, les invités, les domestiques, tout le monde arrivait sans contrainte, et le Comte de Bertier, toujours à genoux, récitait la prière à haute voix.

Je ne peux pas penser à cette prière là sans me sentir encore ému, sans me rappeler cette humble chapelle où tous les rangs étaient confondus, où les fils de famille, les invités de grande race se mêlaient aux plébéiens comme moi.

L'égalité, la sainte égalité, n'est vraie que là, parmi ceux qui ont la même foi et les mêmes espérances.

**

M. de Bertier n'était pas seulement un chrétien convaincu dans la vie privée, c'était un chrétien militant, c'était un apôtre. Non seulement on le rencontrait dans les œuvres qui ont pour but de restaurer les principes catholiques dans la famille et dans l'individu ; mais il avait à cœur les intérêts populaires et l'on peut dire qu'il aimait le peuple sans jamais le flatter...

Il s'occupait de l'Œuvre des Cercles catholiques d'ouvriers ; il secondait les efforts de tous ceux qui s'occupent des questions sociales, mais il eut surtout à cœur une grande œuvre qui est et restera l'honneur de sa vie : l'œuvre de la presse indépendante, l'œuvre de la *Bourgogne* dans ce pays si profondément travaillé par les doctrines révolutionnaires.

Non pas qu'il prit jamais part à sa rédaction. Chose qui étonnera beaucoup de ses contradicteurs, c'est que M. de Bertier était partisan de la grande liberté d'allures du journaliste. Cet homme qu'on disait intransigeant n'a jamais commandé une ligne de journal pour lui. « Quelquefois, nous disait-il, avec bonhomie, il y a dans la *Bourgogne* comme dans d'autres journaux d'ailleurs, quelque phrase ou quelques mots qui me font faire la grimace, mais jamais je ne m'en plains, parce que ce qui me déplaît à moi, peut plaire à d'autres. »

La *Bourgogne*, il l'avait aimée toujours, et telle qu'elle est, avec son drapeau franchement déployé, son allure militante et hardie, appelant à elle les croyants et les bons Français. Et dans le dernier entretien que nous avons eu avec lui à Paris, il y a un mois, alors que l'altération de ses traits ne faisait que trop pressentir l'ébranlement de sa santé, il nous disait avec son âme, car l'âme est restée vaillante jusqu'au bout :

— « Vous êtes sur le vrai terrain ; la *Bourgogne* a été fondée pour défendre notre foi, nos libertés, nos intérêts ; elle me plaît surtout parce qu'elle rassure les bons, et qu'elle donne aux autres la crainte qui est le commencement de la sagesse : continuez à lutter, parlez, faites des conférences, écrivez, restez avec votre indépendance, et n'écoutez ni les bouderies, ni les esprits chagrins ; le meilleur moyen de réussir est encore d'aller droit devant soi. »

Qui nous aurait dit, il y a un mois, que nous recueillions ses derniers désirs et ses suprêmes recommandations. Qui nous aurait dit que l'impitoyable mort frapperait si vite à ce foyer béni où il vivait entouré des tendresses de ses enfants et petits-enfants, et de l'estime de tous ses amis...

Ah ! du moins, ses grandes œuvres, à lui, le suivront non-seulement là-haut, mais elles dureront ici bas, car ce sont des œuvres de foi. — Et la foi ne meurt jamais.

Samedi, l'Avallonnais et le département tout entier, je peux bien le dire, feront à ce noble chrétien des funérailles dignes de sa vie, si féconde en bienfaits et en grands exemples.

Quant à nous, devant son cercueil nous nous souviendrons de ses enseignements, de ses paroles, de son affection, et nous irons droit devant nous, comme il le demandait, persuadé que les causes justes que nous servons, celle de Dieu comme celle de la France, ne peuvent se défendre qu'avec de la foi, de l'énergie et du cœur — toutes ces hautes qualités qui ont particulièrement distingué celui que nous pleurons aujourd'hui.

Oct. Chambon.

LES FUNÉRAILLES

Monsieur le Rédacteur de *La Bourgogne*,

Vous m'avez donné la difficile mission de rendre compte des funérailles véritablement imposantes, dans leur funèbre grandeur, de l'homme de bien que nous pleurons ici : j'ai nommé le Comte Alphonse de Bertier de Sauvigny.

Vous avez déjà tracé, avec votre cœur plus encore qu'avec votre plume, cette existence si bien remplie. Mon rôle est plus modeste, et je me contenterai de payer ici à la mémoire du noble défunt, un légitime tribut de regrets, en disant ce qu'ont été ses funérailles : un triomphe ; car le comte de Bertier a affirmé sa foi, sa fidélité, jusque dans la mort.

Grande était la foule accourue à la cérémonie des funérailles. De nombreux membres du clergé, parmi lesquels M. l'archiprêtre d'Avallon, M. le curé de St-Martin, M. le doyen de Montréal, une délégation des Frères, des communautés religieuses d'Avallon, le cercle catholique, le comité de la *Bourgogne*, toutes les grandes familles de l'Avallonnais et même du département, les de Chastellux, d'Anstrude, de Lapeyrère, d'Assay, de la Bourdonnaye, du Peyroux, de Beauvais, de Vibraye, Raudot, Faulquier, de la Brosse de Vauban, de Laissardière, de Perthuis, et j'en oublie... la paroisse tout entière, le maire à la tête du conseil municipal, des amis en grand nombre....

Les cordons du poêle étaient tenus par MM. les Comte de la Bourdonnaye Blossac, Comte de Chastellux, M. Goussard, président du Tribunal civil d'Avallon, M. le maire de Sauvigny.

La messe a été dite par le vénérable curé de Sauvigny, M. l'abbé Perrot. M. l'archiprêtre a donné l'absoute, et avant le *Libera*, M. l'abbé Potherat, curé d'Island, prit la parole et fit ressortir les deux qualités maîtresses du défunt : la fidélité et la loyauté.

M. l'abbé Potherat a parlé avec son cœur, avec cette éloquence convaincue qui est comme la caractéristique de ce prêtre aussi vaillant que modeste.

Voici d'ailleurs son remarquable discours :

Discours de M. l'abbé Potherat

Vocabatur fidelis et verax.

Fidélité et loyauté, voilà ses titres de gloire.
(Apoc. c. 19. v. 11).

MES FRÈRES,

Il y a trois ans à peine, nous étions déjà réunis dans cette église pour rendre les derniers honneurs à Madame la Comtesse de Bertier et pour répandre autour de son cercueil des larmes avec des prières.

Il était là, en ce grand jour de deuil,

celui que nous pleurons à son tour aujourd'hui ; il était là plongé dans une douleur inexprimable, frappé au cœur d'une blessure inguérissable qui devait désormais miner sourdement sa vie et qui vient de le ravir prématurément à l'affection de sa famille désolée.

Le noble Comte de Bertier n'a point tardé bien longtemps à rejoindre la compagne tant aimée qui l'avait précédé dans la tombe et qui, en lui disant adieu ou plutôt au revoir, lui avait donné rendez-vous dans cette patrie meilleure où les saintes affections sont pour toujours à l'abri des cruelles séparations de la mort.

Le voilà parti à son tour dans la maison de son éternité, et il ne nous reste plus de lui ici-bas qu'un cadavre glacé qui va dormir le sommeil du sépulcre jusqu'au jour où Dieu, par sa parole toute-puissante, le fera palpiter de nouveau.

Eh bien, mes Frères, avant d'accompagner à sa dernière demeure la dépouille mortelle de ce vaillant chrétien, avant de l'ensevelir avec tous les honneurs qui lui sont dûs dans cette terre sacrée du cimetière qui trop souvent hélas ! est la terre de l'oubli, je veux, pour acquitter une dette de reconnaissance et pour accéder aux désirs d'une famille cruellement éprouvée, saluer une dernière fois le noble châtelain dont la mort est un deuil pour la paroisse et, j'ose le dire, pour l'Avallonnais tout entier.

Ayant eu à peine le temps de recueillir mes souvenirs, je ne saurais songer, mes Frères, à prononcer l'éloge funèbre de celui que nous venons de perdre et à vous faire, comme il le faudrait, le récit d'une vie dépensée jusqu'au dernier souffle à la gloire de Dieu et au service de l'Eglise et de la société. Je ne puis que retracer les grandes lignes de cette vie si noblement remplie et payer ainsi un modeste tribut d'hommages à la mémoire vénérée de *Monsieur le Comte Alphonse de Bertier de Sauvigny*.

Or, mes Frères, le résumé de cette vie se trouve, ce me semble, dans ces paroles de l'Apocalypse : *Vocabatur fidelis et verax*. Fidélité et loyauté, voilà vraiment, pour Monsieur le Comte de Bertier, ses titres de gloire devant Dieu et devant les hommes.

Ce n'est point ici le lieu, mes Frères, de vous parler de sa fidélité à ses convictions politiques. Cependant je trahirais par mon silence la mémoire de ce loyal gentilhomme, si je ne rappelais au moins en passant qu'il demeura fidèle sur ce point aux traditions de sa famille et qu'il ne fut pas de ces hommes dont le courage consiste à se faire toujours les courtisans du succès, et à déserter bien vite le drapeau que la fortune abandonne. Je dois ajouter qu'il n'eut point d'autre part la prétention d'être plus sage que la sagesse de l'Eglise, qu'il ne cessa jamais, dans la mesure de ses forces, d'aimer et de servir son pays et qu'il sut toujours placer, au-dessus de tout, la fidélité à Dieu.

C'est précisément, mes Frères, cette inviolable fidélité à Dieu que je tiens à faire ressortir en ce jour. Quelque ardeur que Monsieur le Comte de Bertier ait apportée aux questions politiques et sociales qui agitent et divisent les esprits et les cœurs, il n'oublia jamais cette grande et solennelle parole de Notre-Seigneur : *Porro unum est necessarium ;* il comprit parfaitement qu'il n'y a, en définitive, qu'une seule chose absolument nécessaire et indispensable : Servir Dieu dans la position où Il nous a placés et mériter le ciel par la sainteté de notre vie.

Monsieur le Comte de Bertier fut donc, avant tout, le fidèle chevalier de Dieu. Il traversa les années ardentes de la jeunesse et les graves préoccupations de l'âge mûr sans jamais se démentir, sans jamais renier ou amoindrir un seul article du *Credo* catholique, sans jamais rougir un seul jour de l'Évangile, sans jamais cesser de conformer de tout point sa conduite à ses croyances.

Jamais homme n'a dit plus simplement et plus fermement que lui : « *Je suis chrétien !* » Cette fière parole, il l'a dite sur tous les tons, à toutes les étapes de son existence, dans la joie comme dans l'épreuve, dans la maladie comme dans la santé, pour la redire plus énergiquement, s'il est possible, à son dernier soupir : Il l'a dite sans respect humain comme sans orgueil, sans rechercher les applaudissements, sans craindre les critiques, n'ayant d'autre souci que de faire son devoir et s'écriant comme les anciens preux : « Fais ce que dois, advienne que pourra ! »

Sans doute, mes Frères, on ne trouve point dans la vie du Comte de Bertier, ces traits d'héroïsme, ces actions d'éclat qui excitent l'admiration des contemporains et celle de la postérité, mais ce qui lui donne un réel cachet de grandeur, c'est précisément ce caractère de loyauté, de fidélité, de ténacité dans le devoir dont elle est si fortement marquée.

Comme l'a dit un de nos grands évêques, la sainteté ne consiste pas à accomplir de loin en loin des actions extraordinaires, sublimes, héroïques ; elle consiste bien plutôt à porter constamment sans faiblir le joug de la vertu, à être toujours esclave de son devoir, à recommencer chaque jour, sans se lasser et malgré tous les déboires, les mêmes efforts, les mêmes travaux et les mêmes combats, à user ses forces, son cœur et son sang goutte à goutte dans le dévouement, le sacrifice et l'immolation, à faire enfin ce qu'on doit, tout ce qu'on doit, même au-delà de ce qu'on doit, à le faire simplement, vaillamment, sans jamais se démentir.

Voilà certes un mérite, une gloire qui n'est pas vulgaire, et ce fut le mérite, ce fut la gloire de Monsieur le Comte de Bertier.

Je resterais bien au-dessus de la vérité si je me bornais à dire que le noble défunt fut simplement un chrétien croyant et pratiquant. Le pasteur de cette paroisse qui a pu l'apprécier à sa juste valeur, lui a rendu un magnifique témoignage en disant qu'il fut un vrai Religieux sous un habit laïque. Monsieur le Comte de Bertier, en effet, n'était pas de ces hommes superbes qui regardent la dévotion comme une petitesse indigne d'eux ; il comprit, au contraire, que, selon la parole de Bossuet, la piété est le tout de l'homme et, dans le service de Dieu, il alla jusqu'à la ferveur.

C'est à Dieu qu'il donnait chaque jour les premières pensées de son esprit, les premières paroles de ses lèvres, les premiers battements de son cœur. Chaque matin, il faisait sa méditation, et ensuite, le plus souvent possible, il assistait à la sainte messe. Il aurait pu redire pour son propre compte ces belles paroles du Comte Auguste de La Rochejacquelein : « L'assistance à la sainte messe, c'est la consolation de tout chrétien, mais, pour un gentilhomme, j'estime que c'est aussi sa première et sa meilleure occupation. L'homme de peine et de travail, aux jours de la semaine, a sa façon à lui de prendre part au sacrifice ; il l'offre à ses dépens en arrosant la terre de ses sueurs. Mais, quand on a de la fortune et des loisirs, la moindre chose qu'on puisse faire, c'est d'assister au sacrifice que Notre-Seigneur renouvelle chaque matin pour nous ! »

Le Comte de Bertier tenait, avec un soin extrême, son âme pure de tout péché. Il ne rougissait pas de s'agenouiller fréquemment aux pieds du ministre de Jésus-Christ pour lui demander d'user à son profit du pouvoir merveilleux dont il est investi de faire disparaître jusqu'aux moindres souillures de la conscience et il plaçait sa gloire comme il trouvait sa force et son bonheur à s'approcher souvent de la table sainte. Tous les huit jours, il venait dans une attitude profondément respectueuse recevoir ce pain eucharistique dont les grandes âmes font leurs délices et qui leur donne une énergie surhumaine pour soutenir les luttes de la vie et pour se maintenir constamment à la hauteur de leur mission.

Faut-il vous rappeler, mes Frères, que tous les soirs, au château de Sauvigny, maîtres et serviteurs descendent à la chapelle pour faire la prière en commun ? En sa qualité de chef et, en quelque sorte, de pontife de la famille, le Comte de Bertier présidait ces pieuses réunions et récitait dévotement la prière à haute voix. Il comprenait bien, celui-là, les graves obligations qu'impose l'honneur de la paternité, à une époque où tant de pères de famille sentent si peu hélas ! la mission qui leur incombe et la terrible responsabilité qui pèse sur leur tête ! Plus d'une fois il m'a été donné de prendre part à cette prière du soir au château de Sauvigny et d'être témoin de cette scène si grande dans sa simplicité, et j'avoue que ce spectacle m'a grandement édifié et profondément impressionné.

Mais, mes Frères, je ne puis m'attarder à ces souvenirs d'ailleurs si doux pour moi et si glorieux pour celui que nous pleurons. Je me hâte d'ajouter que le Comte de Bertier, comme on l'a fort bien dit, ne fut pas seulement un chrétien fervent dans sa vie privée, mais qu'il fut encore un catholique militant, un vrai chevalier de Jésus-Christ, un véritable apôtre, un homme d'œuvres et de dévouement.

Avec la droiture de son intelligence, il avait bien discerné les grandes plaies qui rongent la société actuelle et, autant qu'il fut en lui, il s'efforça d'y porter remède. Comprenant l'importance capitale de l'éducation chrétienne et regardant comme un fléau pour l'Eglise et la patrie une génération élevée en dehors des principes religieux, il patronna de tout son pouvoir l'œuvre diocésaine des Ecoles libres et, songeant tout spécialement à l'avenir de ce cher pays de Sauvigny, il fut la providence de l'école des Sœurs où la plupart des jeunes filles de cette paroisse sont instruites et élevées d'après les principes de l'Evangile.

Le Comte de Bertier n'ignorait pas non plus le mal incalculable que fait la mauvaise presse, les préjugés qu'elle répand avec une habile perfidie, les erreurs qu'elle propage avec une rage satanique, les doctrines funestes qu'elle sème comme de l'ivraie jusque dans les moindres hameaux, la démoralisation enfin dont elle est l'instrument actif et dangereux. C'est pourquoi, afin d'opposer autant que possible un antidote à ce poison subtil qui s'infiltre de plus en plus dans les veines du peuple, de concert avec de vaillants chrétiens comme lui, il fonda et soutint, avec cette fidélité tenace qui est son caractère distinctif, un journal qui est devenu, dans ce département, le point de mire des attaques de l'impiété, parce qu'il s'est placé résolument à l'avant-garde des défenseurs de la religion.

Une autre œuvre excellente dont le Comte de Bertier s'est occupé avec sollicitude, c'est l'œuvre des Cercles catholiques et son nom est trop intimement lié à la fondation du Cercle catholique d'Avallon pour que je manque de saluer, au nom de tous les membres de l'œuvre, l'homme de foi et de zèle qui nous a aidés si puissamment à établir une institution qui m'est chère entre toutes, qui me rappelle les plus beaux jours de ma jeunesse sacerdotales et qui, grâce aux prières des insignes bienfaiteurs qui s'intéressent encore à elle du haut du ciel, grâce au dévouement de ceux qui la patronnent et la dirigent aujourd'hui, continue d'être prospère et florissante.

Il me resterait encore beaucoup à dire, mes Frères, si je voulais rappeler toutes les œuvres de zèle ou de charité auxquelles le Comte de Bertier a voulu participer. Mais le peu que j'ai dit suffit amplement pour justifier les paroles de mon texte : *Vocabatur fidelis et verax* et pour démontrer que le noble châtelain dont le cœur a cessé de battre, a été, en effet, un homme d'une fidélité inébranlable, d'une loyauté à toute épreuve, un homme franc, chevaleresque, passionné pour le bien, dévoué à toutes les saintes causes, agissant en toutes choses, non point dans l'espoir du succès ni par ambition d'une vaine popularité, mais simplement pour accomplir son devoir, et l'on aurait pu croire qu'il avait adopté pour lui la devise des vaillants Religieux de la Compagnie de Jésus : « Tout pour la plus grande gloire de Dieu ! *Ad majorem Dei gloriam !* »

Est-il besoin d'ajouter, mes Frères, qu'une telle vie a eu un digne couronnement ? L'aîné des fils du Comte de Bertier, en m'annonçant la fatale nouvelle, m'écrivait ces lignes : « Mon pauvre père nous a donné l'exemple de la mort la plus belle et la plus chrétienne qu'il soit possible de voir ! » Cela ne m'a point surpris : Monsieur le Comte de Bertier avait vécu comme un saint ; il devait mourir à la façon des saints. Il est mort en embrassant le crucifix avec la foi la plus ardente et la plus tendre piété, en édifiant profondément par sa résignation et sa ferveur ceux qui furent témoins de son agonie, en adressant aux membres de sa famille, comme les anciens patriarches, de suprêmes recommandations qui sont comme le testament de son cœur. Avant d'expirer, il a pu emprunter les paroles du grand apôtre pour dire aux siens qui pleuraient autour de sa couche : « Voilà ma course terminée, mais consolez-vous ! J'ai toujours gardé la foi, toujours combattu le bon combat ; faites comme moi, servez Dieu fidèlement et loyalement et vous réaliserez la devise de notre famille : *Ornat sidera virtus* et vous recevrez un jour, comme j'espère la recevoir bientôt, la récompense de votre fidélité. »

Et maintenant, mes Frères, laissez-moi vous dire à vous tous qui êtes venus honorer la mémoire de ce chrétien de vieille roche : « Apprenez de lui comment il faut vivre et comment il faut mourir ; apprenez de lui à faire passer le devoir avant tout le reste et à rester fidèles, envers et contre tous, aux engagements de votre baptême et aux serments de votre première communion, car la cérémonie qui nous rassemble nous le dit une fois de plus avec une saisissante éloquence : « Tout passe ici-bas ; richesses, distinctions, tout vient échouer au cercueil ; c'est là le dernier mot de toutes les choses humaines ; il n'y a qu'une seule chose qui reste et qui nous suivra par-delà la tombe : ce sont les bonnes œuvres que nous aurons accomplies ! »

Tout en recueillant, mes Frères, autour de ce cercueil ces grandes et austères leçons, n'oublions pas d'y répandre de ferventes prières. Il me semble qu'en ce moment le noble défunt nous adresse la supplique que saint Ephrem met sur les lèvres d'un chrétien qui avait été riche et puissant : « Prêtres et fidèles, nous dit-il, je conjure votre charité d'intercéder pour moi auprès de la miséricorde du Seigneur afin qu'il me reçoive avec Lazare le mendiant dans le sein glorieux d'Abraham et que je ne sois pas rejeté avec ce riche sensuel et inhumain que je me suis efforcé de n'imiter jamais ! »

Non, ô vénéré défunt, vous n'avez point été de ces mauvais riches, de ces riches égoïstes que l'Evangile a maudits, vous avez versé d'abondantes aumônes dans le sein des pauvres ; vous avez usé votre vie au service de Dieu et du prochain ; vous avez pratiqué le dévouement sur une large échelle et nous avons confiance que vous avez déjà reçu votre récompense. Mais si pourtant quelque légère souillure fermait encore à votre âme l'entrée du Paradis, nous allons, par la ferveur de nos intercessions, députer vers vous l'ange libérateur qui vous emportera sur ses ailes dans cette radieuse patrie où vos ancêtres et votre épouse vous attendent.

Et vous, de votre côté, une fois au ciel, priez aussi pour nous qui restons sur cette terre d'exil où il faut souffrir et combattre sans relâche. Priez pour les membres de votre famille que vous avez tant aimée et surtout pour ces fils tendrement chéris que vous avez formés à votre image ; priez pour eux afin qu'ils se souviennent de vos nobles exemples, qu'ils marchent vaillamment sur vos traces et qu'ils soutiennent dignement l'honneur de votre blason. Priez pour cette paroisse de Sauvigny à laquelle vous portiez un si vif intérêt, afin qu'elle ne dégénère pas et qu'elle écoute toujours docilement la voix de son pasteur ! Priez pour toutes les œuvres que vous avez soutenues et patronnées, afin qu'elles subsistent après vous et qu'elles résistent victorieusement à toutes les attaques ! Priez enfin pour nous tous afin qu'en ces temps difficiles, nous marchions comme vous sans défaillir dans la voie de la vertu et que nous couronnions, comme vous, une vie bien remplie par une sainte mort, pleine de consolations et d'espérances ! Ainsi soit-il !

***

Après l'absoute, la dépouille mortelle du Comte, portée par ses serviteurs, a été conduite au caveau de famille. Une grande croix de fleurs naturelles couvrait le cercueil qu'entouraient de nombreuses couronnes, et entr'autres une magnifique de perles violettes, parsemée de fleurs blanches, avec cette inscription : « Le Journal *La Bourgogne* ».

Quand le clergé eut récité les dernières prières, M. Chambon, rédacteur en chef, s'avança pour donner à son chef vénéré le salut suprême.

Voici son discours d'adieu :

Discours de M. Chambon

Messieurs,

Une voix amie plus éloquente que la mienne, vous a dit tout à l'heure l'immensité de la perte que vous faisiez, vous surtout, habitants de Sauvigny. — Et vos prières et vos larmes ont répondu...

Ah ! s'il était vrai que les grandes douleurs sont muettes, je connais quelqu'un qui devrait bien se taire ici ; mais si cruel que soit notre chagrin, il y a des morts dont on ne peut pas se séparer.

C'est pourquoi devant ce cercueil, sous les yeux de toute une population en deuil, en présence de cette noble famille deux fois éprouvée en si peu de temps, vous me permettrez d'adresser en votre nom comme au mien l'adieu suprême à celui qui fut le comte ALPHONSE DE BERTIER DE SAUVIGNY.

Il ne me pardonnerait pas, messieurs de venir louer seulement ses vertus ; ce qu'il demande de vous, ce qu'il demande de moi, c'est que nous nous souvenions de l'Idéal sacré qui a dirigé sa vie toute entière ; ce qu'il nous demande, c'est que nous ne laissions pas tomber ce fier drapeau qu'il n'a jamais abaissé — vous entendez, jamais !

Vous connaissez ce mot de Reischoffen,

si souvent répété, alors que sous les balles prussiennes nos soldats se battaient comme des lions, tombaient comme des héros, arrachant à nos ennemis ce cri d'admiration : « Oh ! les braves gens ! »

Quand l'historien, Messieurs, sur la fin de ce siècle fécond en trahisons et en capitulations de conscience, de ce siècle devenu la proie de l'hypocrisie, de l'ambition malsaine et de l'argent, quand l'historien dis-je, burinera le portrait de ces hommes de cœur et de fidélité dont la figure virile se détache sur un tableau auréolé d'honneur et de loyauté française..... Eh bien ! l'historien, si sceptique qu'il soit, ne pourra s'empêcher de s'écrier comme à Reischoffen : « Oh ! les braves gens ! »

Je n'ai rien à vous apprendre, Messieurs, vous connaissez comme moi les œuvres et les mérites de celui qui va dormir là son dernier sommeil, de ce gentilhomme sans peur et sans reproche dont le nom imposait le respect et appelait l'estime dans toute notre contrée, car il était synonyme de droiture et de foi...

Fidélité politique, fidélité religieuse, il ne vint jamais à l'esprit du comte de Bertier de cacher ou de diminuer ses convictions.

Le jour même où le Comte de Chambord – l'Honnête Homme comme la France aimait à l'appeler — descendait dans la tombe, j'étais, je m'en souviens, avec M. de Bertier, et ensemble nous allions faire un pieux pélerinage. Nous nous étions donné rendez-vous de bon matin chez le marquis de Dreux-Brézé, quand en arrivant, je vis sortir du cabinet du duc le comte lui-même qui m'apportait la fatale nouvelle. Alors il me tendit la main, et je vis des grosses larmes qui perlaient dans ses yeux. — C'était, Messieurs, le chevalier français qui pleurait son Roi....

M. de Bertier resta fidèle au principe monarchique, mais malgré tout ce que l'on a pu dire, il était de son temps, il savait aussi que l'avenir est à Dieu et il nous disait souvent que le chrétien n'est pas sur terre pour remporter des victoires, mais qu'il est là surtout pour combattre, et faire son devoir.

Aussi, Messieurs, vous savez ce que fut ce gentilhomme chrétien, catholique tout d'une pièce, dans sa vie publique comme dans sa vie privée, aimant son Dieu, se dévouant aux petits et aux déshérités, s'occupant des ouvriers des villes, s'intéressant dans les Syndicats agricoles aux questions qui touchent les populations rurales, jetant dans le sein des pauvres des trésors qui ne seront connus que là-haut ; vous le connaissiez également ennemi de l'ostentation et de la pusillanimité, fils soumis de l'Eglise, et patriote jusque dans la moelle des os.....

Sa patrie ! Il l'a servie dans l'obscurité d'un dévouement qui ne fit pas de bruit, mais qui épuisait ses forces — parce qu'il l'aimait comme un fils aime une mère malheureuse qu'il voudrait sauver...

C'est pour cela qu'entre autres moyens, avec des hommes de cœur dont les noms sont sur vos lèvres,— et que je salue ici comme des compagnons d'armes, — il avait fondé *La Bourgogne*, dont moins que tout autre j'ai le droit de parler, mais que vous ne me pardonneriez pas, cependant, de passer sous silence.

Il voyait là une œuvre de propagande religieuse et sociale plus encore qu'une œuvre politique, un signe de ralliement pour tous ceux qui veulent rester dans le chemin de la vérité, de l'honneur et du sens commun.

Et cet homme que des esprits prévenus voulaient nous représenter comme un revenant du moyen-âge, ne supportant pas la contradiction, était au contraire d'un accès facile; il écoutait avec bienveillance, discutait sans amertume, et nul n'acceptait plus facilement qu'on ne pensât pas comme lui.

Celui qui vous parle, Messieurs, en sait quelque chose. Au fur et à mesure qu'on l'approchait, qu'on le pénétrait, on aimait à découvrir dans ce cœur haut placé, de la bonté, de la modération, de la délicatesse, et tant d'autres vertus qui, pour ainsi dire, embaumaient son foyer.

Ah ! vous pouvez le pleurer, habitants de Sauvigny : vous ne le pleurerez jamais autant que nous....

Vous savez tous comment il a rendu son âme à Dieu. La bonne religieuse qui le soignait disait toute émue : « Il est mort comme un saint. » Non, Messieurs, il n'est pas mort tout entier ; il nous laisse ses exemples à suivre, sa belle vie à imiter ; et puis, il revit dans ses fils qui seront les dignes héritiers de sa race et de son nom. Ils sont nés, ils ont grandi, ils vivent au milieu de vous et ils continueront ici les traditions d'honneur et de vaillance qu'ils tiennent de lui, comme aussi les traditions de bonté et de charité qu'ils tiennent de leur mère.

Car, Messieurs de Bertier, ces deux grandes âmes que vous avez si tendrement aimées, sont maintenant réunies, et elles vous protègeront, n'en doutez pas, vous, vos familles, vos œuvres, et toutes les causes justes que vous allez servir et défendre, plus que jamais.....

Et maintenant adieu ! cher et vénéré comte de Bertier ! Vous avez été l'homme de la fidélité, du devoir et de l'action. Nous ne nous séparerons pas de vous sans avoir fait le serment pieux et solennel d'aimer ce que vous avez aimé, de défendre ce que vous avez défendu, de servir Dieu comme vous, et de travailler comme vous au salut de notre Pays.

Et puisque votre vie comme votre mort a été un acte de foi, nous aussi nous affirmerons pendant la vie, nos convictions et notre drapeau. Et nous vous demandons vos prières la haut, afin que nous mourions comme vous, l'âme ardente et fidèle, afin que sur nos lèvres expirantes se retrouve votre *Credo* — le nôtre — le *Credo* de l'Espérance et de l'Immortalité.

———

Je renonce à peindre l'émotion qui s'est emparée de la famille et de l'assistance en entendant des adieux aussi émouvants, aussi généreux, aussi chrétiens. Ce serment solennel devant le cercueil de ce chevalier, ces appels et ces envolées de l'orateur dans l'immortalité, tout cela faisait tressaillir nos âmes et, pour mon compte, j'ai rarement ressenti une émotion plus vive et plus douce à la fois.

J'ai vu en sortant les braves chrétiens de Sauvigny, et, dans leur reconnaissance émue, ils voulaient serrer la main de l'orateur qui avait si bien exprimé leurs idées et rendu le sentiment de leur cœur.

Et puis, à la sortie, c'était à qui s'inclinerait devant les fils du gentilhomme « sans peur et sans reproche », c'était à qui donnerait une marque de sympathie douloureuse et émue à ceux qui resteront — Dieu le veut — les dignes héritiers du grand chrétien que nous pleurons.

M.

UNE LETTRE

La *Bourgogne* a publié le 11 Juin la lettre suivante :

Avrolles, 10 Juin 1894.

Cher Monsieur Chambon,

Je suis revenu brisé par toutes les émotions de la triste journée d'hier. Si elles sont cruelles, elles ont pourtant leur douceur, et quand je pense à l'ami de 40 ans que j'ai perdu, j'ai une consolation assez rare malheureusement, c'est que cet ami a certainement reçu la récompense de ses vertus.

Mon Dieu ! comme vous m'avez donc remué hier en glorifiant ce cher ami ! Quel modèle vous avez montré à toute l'assistance ! Comme vous étiez bien inspiré ! Vous êtes-vous aperçu des larmes qui inondaient nos visages ?

Je vous remercie des hommages que vous avez rendus à notre cher président, le vôtre aussi, et votre ami. Mais il faut que les absents goûtent aussi le charme de votre parole ; ce ne seront pas vos accents vibrants, ce ne seront que de faibles échos, cependant il ne faut pas hésiter : mettez de côté votre modestie et faites savoir à tous les lecteurs de la *Bourgogne* comment vous savez dire les louanges d'un vrai chrétien.

Croyez, mon cher Monsieur Chambon, à tout mon affectueux dévouement.

Cte DE LA BOURDONNAYE.

LE DEVOIR

Samedi dernier à Sauvigny, au bord même de la tombe où dort maintenant ce cher comte de Bertier que j'ai tout particulièrement estimé et aimé, j'ai, au nom du comité et des amis de la *Bourgogne*, adressé un mot d'adieu à celui qui personnifiait si bien dans ce pays la Fidélité chrétienne et la Loyauté française.

Le comte de Bertier a eu des funérailles grandioses, que raconte plus loin un de mes amis. Il a été loué par un prêtre éminent et humble tout à la fois qui a bien voulu livrer à l'impression pour l'édification des croyants, le discours si beau qu'il a prononcé.

Quant à moi j'ai, sans doute, obéi à l'impérieux besoin de mon cœur en saluant une dernière fois le chef aimé qui marchait toujours si droit dans le chemin de la vérité. Mais je n'ai pas voulu seulement le louer et lui dire adieu : J'ai fait un serment, et je le tiendrai.

Et puisque je l'ai fait au nom de mes amis, de mes lecteurs comme au mien, je les adjure de se souvenir du soldat de Dieu et du soldat du devoir que nous venons de confier à la terre, et dont l'âme ardente et chrétienne va désormais planer sur notre champ de bataille.....

Je les adjure d'aimer la vérité comme il l'a aimée, de se passionner pour le bien comme il l'a fait ; je les adjure de mettre de côté leurs idées particulières, et leurs antipathies s'ils en ont, pour se souvenir qu'ils ont un Dieu à honorer, une religion sainte à défendre, des enfants à arracher des mains de l'impiété, une patrie enfin à délivrer d'un joug déshonorant.... et à sauver.

Il ne s'agit pas de savoir si nous sortirons vainqueur de cette lutte pour nos foyers, pour nos autels et pour nos libertés : il suffit de vivre et de mourir comme l'a fait le Comte de Bertier.

Et pour cela, il faut, comme lui, faire son devoir, mais tout son devoir.

Oct. Chambon

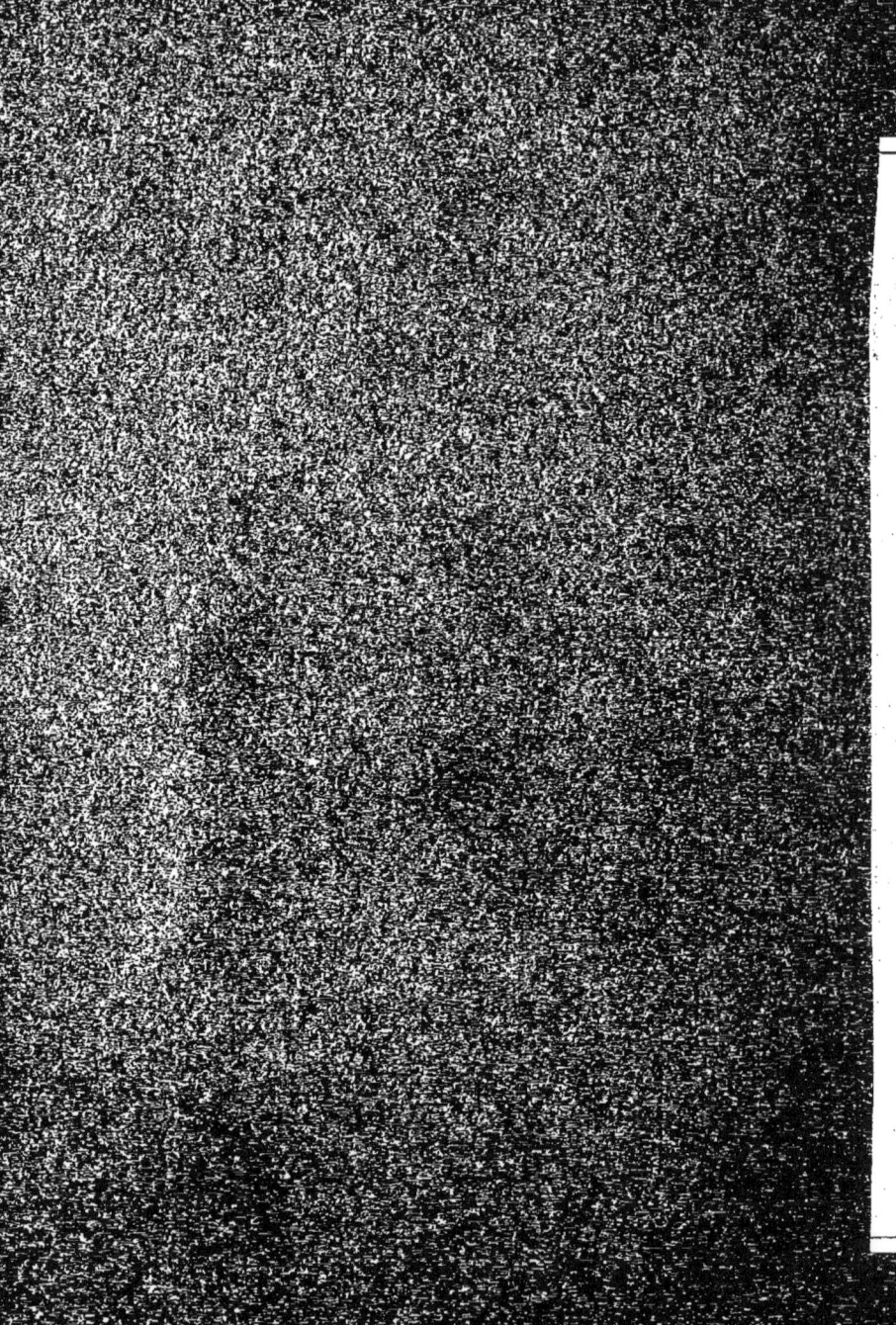

www.ingramcontent.com/pod-product-compliance
Lightning Source LLC
Chambersburg PA
CBHW061009050426
42453CB00009B/1339